PIT BOSTON

PITS

WORDS OF DREAMS

DREAMS

Design & Layout: Pit Boston

Impressum

ISBN
Herstellung und Verlag:
BoD - Books on Demand, Norderstedt
ISBN 978-3-7448-3308-0
© 2017

Traumgeister

Über Stock und über Steine
Fliegen sie gen Mitternacht
Es sind große
Und auch kleine
Und sie mögen Wasser
Weine
Geister, die schon lang auf Wacht

Sie bestimmen alles Leben
Und den Tod
Das Irgendwo
Und sie nehmen
Und sie geben
Ja, sie können Wolken weben
Sie sind traurig und auch froh

In verlassenen Ruinen
Hört man ihren stummen Ton
Balde emsig wie die Bienen
Zwischen Phlox und Balsaminen
Schau nur, schau
Sie kommen schon

Doch die Nacht ist bald zu Ende
Aller Geisterzauber flieht
Durch die Räume
Durch die Wände
Bis hinaus ins Waldgelände
Nun verklingt ihr Geisterlied

Nach dir

Als ich ging
war die Straße schmal
Flossen Tränen ohne Zahl
Nahezu
Ohne Ruh
träumte ich wohl immerzu
Lang schien dieses Tal

Einsam war's
in jener stillen Zeit
Für jedes dunkle Date bereit
Einfach so
Nicht mehr froh
blieb die Hoffnung irgendwo
in jener stillen Zeit

Eines Tags
ward ich wieder stark
Wieder neu der junge Tag
Nahezu
Ohne Ruh
träumte ich nun immerzu
von dem, was vor mir lag

Gern

Gern wäre ich noch hiergeblieben
Doch der Wind war mir zu rau
Hätte hier wohl viel geschrieben
Gern wäre ich hiergeblieben
Doch der Himmel schien nicht blau

Gern bin ich nicht fortgegangen
Kannte manchen Weg und Steg
Doch hier rochs so abgehangen
Bin ins ferne Land gegangen,
weil man mich hier nicht versteht

Gern hätt ich mit euch gesungen
Doch ihr kennt die Töne nicht
Hab hier nicht mein Glück gefunden
Ach, ich hätt so gern gesungen
Aus der Heimat flieht man nicht

Gern wär ich zurückgekommen
Doch bei euch ist's mir zu kalt
Such vergeblich nach der Sonnen
Wär so gern zurückgekommen
Doch bei euch fühl ich mich alt

Nackt

Nackt durch breite Straßen ziehn
Mit der U-Bahn durch Berlin
Mit dir tanzen durch die Nacht
Hast mich um den Schlaf gebracht

Heiße Liebe bis um 4
Halt mich fest, du wildes Tier!
Küss mich jetzt, lass mich nicht los!
Nur die Liebe macht uns groß!

Milchkaffee im Café „*Blix*"
Wenn du da bist, fehlt mir nix
Komm, heut fliegen wir ans Meer
Du bist da und nichts ist schwer

Poesie

Mit der Kraft nur meines Traums allein
steh ich am Morgen vor dem Tag
Und frag,
wo sind die schönen Träume
Ich wollte nie allein nur sein

Mit der Kraft der Hoffnung an die Zeit
verberg ich Angst und Tränen mir
Ja hier
erwacht ganz neue Freude
Ich ahn, du bist nicht mehr so weit

Suche

Suche nach dem „*Irgendwas*"
In manch neuer, alter Zeit
War es Liebe, war es Hass?
War´s am End´ ein kleiner Spaß?
Waren wir für uns bereit?

Suche nach dem fernen Ort
Regen- oder Sommertag
Wo nur ist dein liebes Wort?
Fern liegt jener ferne Ort,
wo mit dir am Strand ich lag

Suche nach dem guten Traum
Jenseits dieser schönsten Zeit
Hoffnungen im leeren Raum
Du bist hier in meinem Traum
Hab mich längst noch nicht befreit

Schmutziger Ort

Irgendwo in dieser Stadt
Dort, wo keiner Namen hat
Fand ich dich am Rand der Zeit
Warst zu schnellem Sex bereit
Dort, am Ende aller Zeit
Irgendwo in dieser Stadt

Warfst dir harte Drogen ein
Bloß nichts fühln, das muss so sein!
Träume, Liebe gibt's hier nicht
Niemand schaut dir ins Gesicht
Traum und Hoffnung gibt's hier nicht
Selbst das Bier ist selten rein

Tränen netzten deinen Blick
Wolltest Freiheit, nur ein Stück
Irgendwo in dieser Stadt
Wo kein Mensch mehr Namen hat,
bliebst du hungrig,
warst nicht satt
Sehnsucht netzte deinen Blick

Als ich ging, bliebst du zurück
Bliebst im Schatten, ohne Glück
Irgendwo im Hinterhaus
stirbt so manche graue Maus
Dort hälts keiner lange aus!
Kann man leben ohne Glück?

Und schon bald fuhr ich nach Haus
Hier sieht alles anders aus
Trank den Sekt, so gegen 4
War doch noch so nah bei dir
Schloss die dicke Eingangstür
Weit entfernt vom Hinterhaus

Wir

Wir sind nur Blumen, die am Wege blühen
Zuerst als Körnchen, klein und in der Erde noch
Brauchen wir Wasser,
Dung und etwas Mut
Zum Weiterwachsen in der Mutter drin

Und all die Liebe und die Wärme auch
lässt uns erstarken und viel Gutes tanken
Doch blühen wir noch nicht und träumen,
bestimmt bald groß zu sein
und aus der Erde strebend

Sind wir dann irgendwann bereit
zum Aufbruch aus der Muttererde Schoß
Um zu verlassen diese gute Sicherheit
den Himmel zu entdecken,
der doch so weit entfernt

Uns zu entfalten in endlos aufstrebender Zeit
In unsrer Pracht und Schönheit, vielgefächert
Und knospenreich, die Blüten balde platzend,
im Regen aufzublühen
und in der Mitte unsres Seins

Die Welt zu sehen und zu spüren
Und die Sonne auch
Dem Sturm, der uns zerbrechen will,
widerstrebend,
nun viele Sprosse tragend
und Keimlinge dem Winde
anvertrauend, weise und klug die Kälte
bald begrüßend

So wird der Winter kommen und wir werden alt
Die Farbenpracht vergeht, die Kraft lässt nach
Und alle Blüten fallen
Und dem welken Blatte gleich
nun der Abschied naht von dieser Welt
und von der Erde

Wir waren Blumen nur, die irgendwo so zahllos
und doch bereichernd alles Glück
der Welt vereinen
Und wenn der Schnee liegt auf den toten Stielen,
so wächst ganz unten in der Erd
ein neues Leben

Der Mann im Wald

Auf dem Baumstumpf, da im Walde
Sitzt er oft und gern – *allein*
Es ist gleich hinter der Halde
Bis die Nacht sitzt da der Alte
Und man fragt:
Muss das so sein?

Vor zehn Jahren war´s im Orte
Da verlor er Haus und Hof
Er war keiner von der Sorte
Die gemacht zu große Worte
Den man schimpfte *faul und doof*

Seine Frau nahm ihm die Kinder
Schnell war auch das Haus verkauft
Als dann kam der kalte Winter
Ging er fort
Er war kein Sünder
Ohne Geld
Und nicht getauft

Lang und weit ist er gezogen
Bis er fand den dichten Wald
Von der Welt zu lang belogen
Ist er ziellos rumgezogen
Und die Städte waren kalt

Zwischen dichten Weihnachtstannen
Fand er das, was ihm gefehlt
Alles Unglück schien von dannen
Hier im Wald, wo Vögel sangen
Wusste er, was wirklich zählt

Die Natur gab neues Leben
Gab ihm auch sein *Ich* zurück
Zwischen Bäumen
Aller Segen
Dort im Baumhaus ewig schweben
Dieser Wald – sein größtes Glück

Mit dem Taschenmesser streicht er
Marmelade übers Brot
In dem Töpfchen Kaffee, dünner
Zwischen Ästen – Sternenschimmer
Wer nichts hat
Kennt keine Not

Doch es gibt wohl auch die Tage
Wo er gern bei Frau und Kind
Nein, er stellt sich keine Frage
Und da gibt's auch keine Klage
Wenn leis säuselt manch ein Wind

All die Jahre, all die Zeiten
Und sein Job in dieser Bank
All das sollte so nicht bleiben
Und die Stadt hat viele Kneipen
Weil die Seele schwach und krank

Keinem muss er heut was bieten
Haus und Auto
Super-Job
In der Stadt sind hoch die Mieten
Nur im Wald duften die Blüten
Weil hier lebt der liebe Gott

Manchen Regen hat's gegeben
Schnee und Hagel
Donner Blitz
Jener Wald – das pure Leben
Wo die Spinnen Netze weben
Mancher Frosch in seichter Pfütz

Irgendwann- und wo im Walde
Sitzt er oft und gern und träumt
Es ist gleich hinter der Halde
Bis die Nacht sitzt da der Alte
Und er hat wohl nichts versäumt

Er

Er war ein großer, starker Held
Er hatte Ruhm, Erfolg und Geld
Er hatte eine Frau, so schön
Man hat ihn selten lachen sehn
Er liebte nicht die schöne Welt

Die Nachricht kam tief in der Nacht
Er hat sich plötzlich umgebracht
Ein Bahndamm, irgendwo am Wald
Da war es einsam, trist und kalt
Und Regen fiel in jener Nacht

So viele Menschen kannten ihn
Er hatte eine Frau, so schön
Er war ein Star, er sah gut aus
Er hatte auch ein großes Haus
Und sah im Leben keinen Sinn

Der Bahndamm liegt so schweigend da
Es regnet nur, wies öfter war
Er hatte Kinder, hübsch und schön
Man hat ihn selten lachen sehn
Er war ein junger, großer Star

Manchmal

Manchmal ist die Welt nicht schön
Niemand darf dich weinen sehn
Willst nur stark sein wie ein Baum
Bleibst doch fern von jedem Traum

Schlägst dich durch, willst hoch hinaus
Lachst nur schrill, und andre aus
Doch im Bett des Nachts um 3
ist's mit deinem Mut vorbei

Kannst nicht schlafen, du hast Angst,
weil du nicht mehr weinen kannst
Und dein Herz schlägt viel zu schnell
Es ist dunkel, gar nicht hell

Irgendwann, du glaubst es nicht,
flackert arg dein Lebenslicht
Du fällst um, ganz einfach so,
in der Welt, wohl irgendwo

Keiner fragt dich, wie dir's geht
Doch du ahnst, es ist zu spät
Längst hat man dich schon ersetzt
Keiner fragt, ob du verletzt

Schwach liegst du im Krankenbett
Keiner kommt und lächelt nett
Schmerzen hast du, auch im Kopf
Fühlst dich wie ein armer Tropf

Plötzlich spürst du eine Kraft,
Fühlst ganz neuen Lebenssaft
Alle Trauer weicht von dir
Sonnenlicht fällt durch die Tür

Du stehst auf, schaust nicht zurück
Gehst nach vorn, ins Lebensglück
Und du drehst dich wild im Tanz,
weil du wieder *weinen* kannst

Sonett

Was für ein göttliches Gesicht
So wunderschön
Ich kann mich gar nicht satter sehn
Und dieses Lächeln,
welch wundervoller Schein
Dies kann fürwahr ein Traum nur sein

Mir ist, als sei im Himmel ich
So meisterlich
Dies unbeschreiblich´ Wesen
Nein, etwas Schöneres gibt's wohl nicht
Dies zauberhafte
Angesicht

Bleibt mir vielleicht für immer
In den Träumen
Und auf die Knie sink ich vor dir

Am Ende allen Seins mit dir
Und jenseits doch
Ein märchenhafter Schimmer

Wünsche

Wünsche in der heißen Nacht
Regen fällt auf den Asphalt
Du hast mich nur angelacht
Bist verschwunden gegen 8
Und der Wind weht nass und kalt

Träume mich in deinen Arm
Irgendwie treibts mich zu dir
Und im Herzen wird's mir warm
Wo nur bleibt dein starker Arm
In mir spür ich Lust und Gier

Ja, ich werd dich wieder sehn
Dort, in jener großen Stadt
Wenn wir tanzen durch Berlin,
wird das Glück die Angst verwehn
Weil ich doch noch Hoffnung hab

Kühle

Es war im Frühling, als ich dich hier gefunden
Am weißen Strand, da hab´ ich dich geküsst
Vorbei die Einsamkeit und alle trüben Stunden
Vorbei die Trauer, die tränenreich und trist

Es zog der Sommer ein in unsre wilden Herzen
Am weißen Strand, da träumten wir vom Glück
Auf unsrer Sandburg erstrahlten hell die Kerzen
Du brachtest mir die allerbeste Zeit zurück

Es kam der Herbst mit Stürmen,
Streit und Regen
Der hat die Sandburg und die Kerzen fortgeweht
Da starb die Hoffnung
auf ein schönes neues Leben
Denn du gingst fort
Für uns war´s längst zu spät

Es lag der Winter auf der traurig müden Seele
Der weiße Strand schien weißer
wie niemals zuvor
Und als vom Frühling ich der Möwe
was erzählte,
vergaß ich bald, dass ich dich hier verlor

Schweigen

Man spricht so viel
Man redet gern
Man findet Vieles schlimm und gut
Doch manchmal sind die Worte fern
Dann spricht man nicht mehr viel und gern
Dann steht man da
Dann stockt das Blut

In Auschwitz war's
Am düstern Ort
Ich schau mich um und schweig
Und schweig
Da fehlt mir Freude, jedes Wort
Ein Wind weht alte Ängste fort
Kalt fühlt sich an mein menschlich' Leib

Mein Schritt fällt schwer
Ich weine nicht
Hier, wo man nicht mehr weinen kann
Zu sehr erstarrt mein Angesicht
Hier ist's so trüb – *es fehlt an Licht*
Zu viel ist damals hier verbrannt

Ich seh ein Kind
Es winkt mir still
An diesem Ort, der mir so fremd
Dann ist es fort mit andrem Ziel
In Auschwitz war's ein böses Spiel
Hier, wo die Zeit die Toten kennt

Der Drahtzaun jetzt
Ist ohne Strom
Kein Mensch, der tot an ihm verlischt
Ein Drahtzaun mahnt als letzter Hohn
Kein Hass, kein Mord, kein toter Sohn
Und keine Mutter, die zerbricht

Als ich dann geh
Bin ich nicht stumm
Courage braucht es, Mut zum Wort
In Auschwitz war´s
Ich dreh mich um
In unsrer Zeit braucht´s Kraft und Mumm
Gedenken, Trauer
Diesen Ort

Zeit

Die Zeit lässt manchmal uns zurück
Sie schlägt uns nieder, gnadenlos
Doch geht sie weiter Stück um Stück
Und manchmal lässt sie uns zurück
Und trägt uns doch in ihrem Schoß

Sie klärt nicht auf und ordnet nicht
Sie trennt so viele einfach so
Sie schaut nur zu, wenn was zerbricht
Ist gnadenlos und rettet nicht
Sie macht uns traurig und auch froh

Doch ist sie auch der Ruhe gleich
Und lässt uns Raum zum Neubeginn
Durch sie sind manche Träume reich
Die Zeit bleibt immer wieder gleich
Nur wir verleihen ihr den Sinn

Sie gibt uns eine neue Chance
Denn sie ist da und bleibt nie stehn
Sie gibt dem Leben die Balance,
Wir brauchen alle eine Chance
Die Zeit lässt Altes bald vergehn

So freu ich mich als Kind der Zeit,
dass ich es selbst entscheiden kann
Ich zieh durch Glück und auch durch Leid
Und zieh gelassen durch die Zeit
Ich pack mein Leben, irgendwann!

Schlaflos

Noch ist es Nacht
Ein Schneesturm lässt mich grüßen
Ich bin schon wach
Die Uhr zeigt Viertel 3
Ich lieg nur da,
wein wieder in die Kissen
Vor lauter Angst
Die Träume sind vorbei

Ich fühl mich schlecht
Der Atem stockt behände
Ich weiß nicht mehr,
wie soll's nur weiter gehn
Ich wünscht es so,
dass ich 'ne Lösung fände
Doch es ist Nacht
Und ich kann nichts verstehn

Da! Ein Geräusch!
Ein Brausen vor dem Fenster!
Ich springe auf,
schau in die Dunkelheit
Ein rotes Licht!
Sind das vielleicht Gespenster?
Bin ich vielleicht
am Ende nicht gescheit?

Doch seh ich bald
Ein Auto fuhr gen Westen
Verschwindet schnell
im Schneesturm und im Nichts
Wär eine Flucht
nicht auch für mich am besten?
Bin ich nicht schon
am Ende allen Lichts?

Es bleibt mir nur
das Pfeifen jenes Sturmes
Der jagt vorbei
und lässt mich hier zurück
Ist´s Dummheit nur?
Die Ohnmacht eines Wurmes?
Bin ich vielleicht
verlassen längst vom Glück?

Ich komm nicht drauf!
Versuchs nochmal mit Schlafen
Und sinke bald
in irgendeinen Traum
Und fern sind sie
Die Bösen und die Braven
Von dieser Nacht
bleibt letztlich doch nur Schaum

Insel

Es war die ferne Insel
Im Sommer flog ich hin
Ich hatte schlechte Träume
Und suchte neue Räume
Und einen neuen Sinn

Da waren so viel Tränen
Und Ärger jeden Tag
So wollt' ich einfach fliehen
Zu jener Insel ziehen
Vergessen all die Klag

Die Sonne schien vom Himmel
Der Stand lag menschenleer
Hier wollt' ich ewig bleiben
Erleben neue Zeiten
Hier war es leicht, nicht schwer

Lag unterm Regenbogen
Und streifte durch den Wald
Und abends in der Kühle
Fand ich die alte Mühle
Hab dort ein Bild gemalt

Schnell zog er fort, der Ärger
Die Tränen blieben mir
Weil Heimweh zog ins Herze
Im fahlen Licht der Kerze
Ward klar, ich bleib nicht hier

Ich bin zurückgegangen
In meine ferne Welt
Mit meinem festen Willen
Konnt ich die Tränen stillen
Erkannte, was jetzt zählt!

Träne

So manche Träne sieht man nicht
Sie wird geweint nur – *irgendwo*
Sie ist nicht groß, hat kein Gewicht
Man sieht so manche Träne nicht
Doch kommt sie oft, ganz einfach so

Sie zeigt in unsrer starken Welt,
dass man auch schwach ist, klein und dumm
Und wenn sie uns vom Auge fällt,
dann sehn wir anders diese Welt
Sie sagt so viel und bleibt doch stumm

Sie bleibt bei uns ein Leben lang
Sie kennt das Glück und auch das Leid
Egal, ob kerngesund, ob krank,
Sie ist stets da, ein Leben lang
Manch Seele wird durch sie befreit

Nein, ohne Tränen geht es nicht
Sie ist so wichtig, gut und klar
Sie gibt uns erst ein Angesicht
So manche Träne sieht man nicht,
denn sie ist klein und unscheinbar

Heimgang

Mein Sinn stand mir nach Nord und Süden
Ich wollte fort, woanders hin
Ich fand hier nicht den stillen Frieden
Mich zog es nur nach Nord und Süden
Hier fand ich gar nichts gut und schön

Da zog ich aus in ferne Lande
Und suchte nach dem großen Glück
Und fern am Meer, am weiten Strande
Lag ich im warmen weißen Sande
Und wollte wirklich nie zurück

Doch ewig wollts nicht Sommer bleiben
Der Strand lag einsam wie mein Herz
Da kamen eisig kalte Zeiten
Ich konnt nicht leben, konnt nicht bleiben
Und fuhr zurück, ganz ohne Schmerz

Bald war die Winterzeit vergangen
Und Sonne fiel ins neue Land
Ich fühlt' mich nicht mehr unverstanden
Ich bin ins Heimatland gegangen
Wo ich bald neue Hoffnung fand

Ach lass

Ach lass mich atmen jeden Tag
Und lass mich hörn den Glockenschlag
Dass Ruh zieht ein in jedes Haus
Dass alte Geyer fliegen aus

Ach lass mich hoffen auf das Glück,
das kommt beständig Stück um Stück
Dass niemals mehr wir einsam sind
Dass uns jetzt treibt ein frischer Wind

Ach lass mich lieben jene Welt
Dass unser Traum nicht mehr zerfällt
Dass nimmermehr die Ros verblüht
Dass etwas Großes bald geschieht

Ach lass beginnen unsre Zeit
Denn dafür sind wir längst bereit
Bewahre uns vor Leid und Not
Und lass uns unser Täglich-Brot

Garten

In meinem Garten
Möcht ich wieder ernten gehn
Wenn reifes Obst herniederfällt
Will ich nimmer warten
Und laue Winde wehn

Im fernen Tale
Da will ich wieder ruhn
Wenn's Zeit ist und ich leb
Will nah dem Wasserfalle
Die größten Schritte tun

Am wilden Flusse
Will ich unendlich Leben spürn
Wo Neues wechselt schnell
dir, Welt und Gott zum Gruße
Will ich mich selbst verführn

Kalter Winter

Der Winter ist so kalt
Ich sehne mich nach dir
In dieser Traurigkeit
Allein
Und getrennt von dir
Bin ich am See
Er ist so kalt
Ich fühle mich nicht wohl
Und ein heftiges Gewitter droht
Es will mich töten

Fremde Gesichter
Sie sind mir unbekannt
Doch kenn ich sie
Von irgendwoher
Schatten in der Fremde
Spuren im Schnee
Mein eigener Herzschlag
Der mich betäubt
Er lässt mich nichts mehr fühlen
Und auch nichts sehen
Bin ich gar blind?
Oder nur stumm?
Zu dumm und blöd für dieses Sein?

Blumen für die Spinner
Und keiner kann es so gut wie ich
Bin ich nicht ehrlich?
Zu dir?
Zu mir?
Zu allen um mich herum?
Zu wem eigentlich?
Ich lüge nie, und doch immer wieder
Weil ich's nicht anders kann
Ich bin doch klug!
Oder etwa nicht?
Wenn's um mich geht,
bin ich zu doof!
Es bleiben tausend Fragen!

Du gehst mit mir ins Ungewisse
In die Stadt der Angst
Die Stadt der Fremdheit
Du gehst mit mir ins Reich des Alleinseins
Des Fluches
Und der Flucht
In ein Reich der unbezwingbaren Sucht
Doch nur in den Gedanken
Ich torkele und spür sie nicht
Die Seele
Nein, ich bin noch nicht betrunken
Und Drogen sind mir fremd
Ich werd sie niemals nehmen
Es bebt das Meer
Der Ozean
In jener Welt
Der Abgeschriebenen

Ich bin kein neuer Mensch
Ich bin schon alt
Und jung geblieben
Und doch so fern von allen Lüsten oder Trieben
Im Moment
Denn du bist fort
Und all die Fremden um mich herum
Sind wie Gespenster
Sind ohne Namen
Und ohne Gefühle auch
Mich drängt es nun zur Flucht
In neue Räume
In einen andren Schoß
Und dann wird auch die Sonne wieder scheinen
Denn in diesem Leben
Kann ich ändern
Und bleibe dennoch
Immer „Ich"

Wenn

Wenn du sagst,
du liebst mich nicht,
dann bin ich tot
Noch vor der Zeit
Wenn Gott mich will
Der weiß darum
Und wird mich ewig lieben
Und du?
Du schweigst!
Ein bittres Schweigen!
Einerlei der Zeit!
Und immer wieder so
Du hast mich umgebracht

Wenn du sagst,
du magst mich nicht,
stirbt auch die Zeit
Und alles war umsonst
Wo ist nur Gott – sag wo?
Und hilflos starr ich in die Schlucht,
die vor mir schreit
Und schweigt
Wo sind die Jahre meines Lebens?
Sie fallen in die bittre Tiefe
Die sanft und süß
die Ruh mir gibt
Du hast mich umgebracht

Wenn du sagst,
dass du nichts sagst,
dann muss ich gehn
von dir
Ins Land meiner Gedanken
Und du hast nie gefragt danach
Und ich bin froh
Du konntest mirs nicht rauben
Denn ich geh zu Gott
Den du nicht kennst
Und in den fernen Bergen
suchst du nicht nach mir
Das Eis lässt dich erstarren
Und klar wird dir
Tot bin ich zwar
Doch bin ich stets bei dir

Ich bin der Fremde deiner Seele
Und kenn dich gut
Weil ich es eben bin
Und doch bin ich's gewesen
Ich bin so weit von dir
Die Reise durch den Kosmos
bracht mich doch heim zu dir
Jene Odyssee, die uns geeint
In andrer Dimension
Die Körper schwinden
Ich bin daheim!
Oh dank dir, Gott
Ich bin daheim
Und werd es ewig bleiben

Erinnerungen

Bunte Farben in den eingeschmolzenen Träumen
meiner Kinderzeit
Ich bin an einem Punkte angekommen,
an welchem ich nicht mehr weiter weiß
Und ich suche einen Rat
in den alten Märchenbüchern
Und ich wünsch mir die Wahrheit
aus den seidenen Zaubertüchern
Und weiß doch längst
Ich bin schon lang zu alt
für diese fernen, fernen Spiele

Teddybären mit den blauen Schleifchen
und der grüne Wasserball
Er schwimmt behänd davon
auf den Wogen meiner kalten Tränen
Ich kann ihn nicht mehr halten
Ach Teddy,
gib mir doch wie früher einen Halt
Aber er schweigt, sie ist eben vorbei,
die Zeit der Feen und der Aschenputtel
Im zerbrochenen Spiegel
wirkt mein Gesicht so müde – oder schwach
Und es wirkt blass
Und ich spür es längst
Ich bin schon lang zu alt
für diese fernen, fernen Spiele

Die alten Kinderlieder,
wo alles noch so rein und klar,
wo ich mal unbeschwert und glücklich war,
sind längst verklungen
in verklärender Unendlichkeit
Die holt mir keiner mehr zurück
Jetzt rennt man wohl nach andren Sachen
Ich habe das Verlieren nicht verlernt
Und in den feuchten Nebeln
verwunschener morgendlicher Wiesen
seh ich der Liebsten makelloses Antlitz
nimmermehr
Gewesen ist gewesen!
Und ich weiß es längst
Ich bin schon lang zu alt
für diese fernen, fernen Spiele

Meins

Die Tage winden sich
durch meine abgewrackte Seele
Ich geh allein
den längst vertrauten Weg im Park
Mein Herze schweigt,
wie meine ausgedörrte Kehle
Jenseits des Glücks,
Und meine Wunden schmerzen arg

Da war die Zeit,
als ich noch Hoffnung spürte
Als ich noch jung,
versuchte manches kleine Glück
Als ich mit Illusionen
meinen Lebensweg verzierte
Dumm und verträumt
Und viel zu oft verrückt

So manchen Streit
wollt ich mit Mutter führen
Naives Kind,
das niemanden verstand
Zog in die Welt
mit allzu vielen Starallüren
Hielt mich doch fest
an Mutters guter starker Hand

Die Jugend ging
und mit ihr auch mein Lachen
Und auch mein Traum,
der König dieser Welt zu sein
Da stand ich nun,
schwer fiel mir das Erwachen
Fand schwachen Trost
in feuerrotem Erdbeerwein

Ich wollt den Freund,
der meine Ängste kannte
Und schlich mich ein
in manches eisigkalte Herz
Und als ich selbst
an meiner Gier verbrannte,
erkannte ich das erste Mal
den nimmermüden Schmerz

Einst

Ich war so jung wie du,
da habe ich zu träumen angefangen
Da bin ich von Zuhause weggegangen
Und hab sehr hoch gespielt

Ich war so jung wie du,
da hab ich meine Lieder laut gesungen
Da spürt' ich frische Luft in meinen Lungen
Und nichts hat mir gefehlt

Ich war so jung wie du,
da war die Zeit der bunten Luftballone
Erdachte mir so manche Königskrone
Und nah schien jedes Ziel

Ich war so jung wie du
Jetzt ist es trister kühler Herbst geworden
Und kalter Wind weht um die tauben Ohren
Ich hab zu oft geträumt

Das Leben

Das Leben fließt so wie ein Strom
Mal langsam noch, dann wieder schnell
Es fließt nur so, wer fragt da schon
Das Leben ist ein langer Strom
Es ist oft dunkel, selten hell

Es ist nur da und bringt die Zeit,
in der wir sehen und verstehn
Wir fühlen Glück, erleben Leid
Und es vergeht mit aller Zeit
Bis nichts mehr von uns bleibt bestehn

Der Wind fegt über kahles Land,
auf dem es so viel Leben gab
Es liegt oft nicht in unsrer Hand
Es fegt nur Wind über das Land
Und streichelt sacht so manches Grab

Man möcht so gerne ewig sein,
um eins zu werden mit der Welt
Um alt zu werden, wie ein Stein
Ja, manchmal möchte man ewig sein
Niemals verlieren, was man hält

Doch fließt das Leben wie ein Strom
Und bliebt nicht stehen, treibt uns fort
So manches fließt uns da davon
Denn es geht weiter, mit dem Strom
Und bleibt nie ein beständig´ Ort

Sie

Sie lebte in der großen Stadt
Irgendwo, ganz mittendrin
Dort gab's Hektik, Sünde satt
Dort, in dieser großen Stadt
Machte so das Leben Sinn?

Guter Job, manch Date, viel Geld
Ja, sie lebte ihren Traum
Dort, in dieser großen Welt,
zählte nur das große Geld
Für die Liebe reicht' es kaum

Irgendwann, November war's,
kam sie wieder müde heim
Nach den Drinks in tausend Bars
kam sie heim, November war's
Sie stand da und war allein

Hier auf diesem langen Flur,
schaute sie sich traurig um
Überm Spiegel diese Uhr
Und die Kälte hier im Flur
Und sie weinte leis und stumm

Sollte das schon alles sein?
Jeden Tag der gleiche Trott?
Immer nur alleine sein?
Ungezählte Flaschen Wein?
Und so manch versteckter Spott?

Plötzlich spürte sie ganz tief
einen Stich und einen Schlag
Irgendetwas nach ihr rief
Irgendwann in ihr, ganz tief
Irgendwo in dieser Stadt

Was, wenn sie's nicht einfach tut?
Alles sollte anders sein!
In ihr keimte neuer Mut
Was, wenn man's nicht einfach tut?
Fort mit Geld und Nacht und Wein!

Schließlich kam ein neuer Tag
Sie sprang nicht aus ihrem Bett
Als man hektisch nach ihr fragt',
legte sie den Hörer ab
Machte Frühstück, richtig fett!

Dann rief sie den Makler an,
gab die teure Wohnung auf
Auch der Bentley glaubte dran
Und die Weinflaschen sodann
Und ihr alter Lebenslauf

Sie zog fort aus jener Stadt,
kaufte sich 'ne kleine Farm
Plötzlich ging so vieles glatt
Jenseits dieser kalten Stadt
Und sie fühlte sich nicht arm

Bald zog Frühling übers Land,
und ein Fischer stand am Fluss
Sie hielt fest nur seine Hand
Ja, ein Fischer kam aufs Land
Und er gab ihr einen Kuss

Was für eine gute Zeit
brach da an, für sie und ihn
Sie entschied, es war soweit!
Mut zu einer neuen Zeit!
Mut zu einem Neubeginn!

Ihre Kinder gaben Kraft
Leben kam zu ihr zurück
Ja, sie hatte es geschafft
In sich selbst fand sie die Kraft
und die Liebe und das Glück

Verlorene Prinzen

In der Nacht
Weit weg von Lieben und von Leiden
Wo die alten Keller gut Geschäfte treiben
Am Stadtrand, da stehen sie an den Geländern
Ihr Blick wie Eis mit schwarzen Trauerrändern

Sie sind der Tod, die ewig arg Gehassten
Suchen die Gelegenheit, die sie einst verpassten
Nur einen Augenblick, fern bleibt die Liebe
Ein Tanz des Teufels und der verirrten Triebe

Und hinter grauen, kranken Lügenmasken
Schlägt Einsamkeit in eisigkalten Herzen
Zitterndes Hirn, kurz vor dem Tod, dem Ende
Schweigsames Gefühl und keine warmen Hände

Im hellen Licht sind sie wie winzig kleine Motten
Wissend bereits, dass alles viel zu lang verloren
Der letzte Treff vor aller Hoffnungslosigkeit
Scheint jener Ort
Fernab der bittersüßen Wirklichkeit

Nie

Nie habe ich mit anderen gesoffen
Ich war allein in manchen Kneipen
Mit Tränen in der angsterfüllten Seele
rann mir das Bier durch meine trockne Kehle
Und ich vertrug nicht viel
Drum ließ ich jenes Teufelsspiel
Und konnte dennoch nichts erhoffen

Nie habe ich mit Fremden je gesungen
Ich sang allein in manchem Traume
Und in der Wirklichkeit wirklich ganz selten
wollt ich fast immer irgendetwas gelten
Und blieb wohl immer nur ein Nichts
Wach übers Feuer, sonst erlischts!
Ich bin ins kalte Wasser stets gesprungen

Nie habe ich an Gräbern je getrauert
Ich trauerte allein in manchem Wald
Denn ich bin selbst so oft gestorben
Und später wieder neu, ganz neu geboren
Hab ich jemals gelebt?
Ich spürte immer, wie mein Herze bebt
Hab mich wohl selbst zu oft bedauert

Zigarettenlänge

Braun gebrannt liegt er im Bett
Ich stehe auf, so gegen 4
Ich dreh mich um, er schläft so nett
Er liegt nur da in meinem Bett
Warum ist er noch immer hier?

Zünd mir 'ne Zigarette an
Und trink ein Bier – von gestern noch
Er ist ein richtig toller Mann
Ich zünd 'ne Zigarette an
Und blauer Dunst steigt langsam hoch

Nacht und Lust in meinem Blick
Verklärt jedoch ist's in mir drin
Die Kerle sind im Augenblick
mein allerbestes Missgeschick
Und nirgends gibt es da den Sinn

Ich wollte auch mal glücklich sein
Schau in den dunklen Morgen raus
Er kam bei Nacht und reichlich Wein
Stieg einfach in mein Auto ein
Berlin sieht jetzt so friedlich aus

Schmerz zieht da in meine Hand
Ich drück die Zigarette aus
Sie ist zu schnell wohl abgebrannt
Die Kerle sind mein Untergang
Ich geh ins Schlafzimmer hinaus

Er hat sich zu mir umgedreht
Warum kommst du jetzt nicht zu mir?
Ich lächle nur
Es ist nicht spät
Er hat sich plötzlich umgedreht
Warum ist er noch immer hier?

Prinz

Ich bin der Prinz vom Morgenland
Und habe gar nichts nötig hier
Ich komm zu euch im Goldgewand
Und noch manch andrer teurer Zier

Ich bin der Prinz!
Nun springt schon, springt!
Und nein, ich schaue Euch nicht an
Weil's hier bei euch mir zu sehr stinkt
Ich bin nämlich ein Edelmann

Ich bin der Prinz, so jung und schön
Und wohn in einem fernen Schloss
Dort muss ich zeitig schlafen gehen
Drum zieh ich nun mit hohem Ross

Ich bin der Prinz vom Zauberland
Und zaubre euch ganz einfach weg
Ich bringt mir eh nur Schimpf und Schand
Ich bin der Prinz und ihr seid Dreck

Warten

In der Nacht ist kein Mond zu sehn
Ich bleib noch immer am Fenster stehn
Und schau zur Uhr
Du bist noch nicht gekommen
Wird sich mein Warten lohnen?
Kein Mondlicht, nichts
Was ist passiert? Wo bleibst du nur?

In der Nacht bleibt mein Haus allein
In meiner Hand die Flasche Wein
Schon halb geleert
Ich weiß nicht, ob es Sehnsucht ist,
was da an meiner Seele frisst
Und es beginnt ein leiser Regen
Und ich warte und alles scheint verkehrt

In der Nacht ist mein Bett so leer
Manch wirrer Traum
im Wein ertränkt
Ich träum dich her
So viel hab ich mir ausgemalt
Ob doch noch meine Sonne strahlt?
Der rauschende Wald macht alles so schwer

Es zogen

Es zogen die Menschen
aus dem so fremden Lande
Hinaus in die Fremde,
zu dem sehr langen Strande
Sie wollten nur ganz einfach weg
von Zuhause
Sie gaben sich selbst, der Familie nie Pause
Und zogen und liefen flugs zum Weltenrande

Es waren so viele, die nimmermehr blieben
Ach, so viele Seelen, die himmelwärts schrien
Es waren Familien, die in Armut und Kriege
zu suchen begannen nach Glück, Geld und Liebe
Man hätte sie sonst wohl zu Tode getrieben

Ja, auch jenes Kind – schwarzhaariger Junge
Zog fort mit den Eltern, mit pfeifender Lunge
Zum Strand aller Märchen,
zur Küste der Wunder
Zum riesigen Meer,
mit manch Fisch und manch Flunder
Er schaute so lieb, hatte Augen, so runde

Man sagte, da hinter dem brausenden Wasser
verbirgt sich das Gute,
ward die Welt nie mehr blasser
Dort ist ewiger Reichtum, sind nett alle Leute
Dort gibt es kein Elend, keine hungrige Meute
Dort gibt's keinen Krieg, keine ewigen Hasser

Der Sturm war so stark
Am Meer, an der Küste
Fern lag ihre Heimat, die schreckliche Wüste
Verträumt schaut' der Junge hinaus in die Ferne
Es sah dort am Himmel all die funkelnden Sterne
Und er sah auch den Mond,
der gelächelt und grüßte

Und dann auf der schlingernden
Schlauchboot-Schaluppe,
da gab's nichts zu essen, nicht mal eine Suppe
Dreihundert gefangen im Seelenverkäufer
Gehofft und gebetet zu Gott und manch Täufer
Doch war da nicht einer, der klagte und murrte

Ganz plötzlich dort draußen im tosenden Meere,
da schlugen die Wogen mal hoch und mal quere
Das Boot sank so schnell in die dunkelsten Tiefen
Es war Mitternachte, wo alle noch schliefen
Darüber hin klatschte das Wasser mit Schwere

Von all diesen Menschen, dem Jungen,
dem kleinen,
blieb nichts als nur Tränen,
ich kann nur noch weinen
So viele geblieben im schäumenden Meere
Es schlugen nur hoch all die Wasser voll Schwere
Am Meeresgrund war's reich
an Stille und Steinen

Gestorben manch Hoffnung,
die Sehnsucht nach Frieden
Die Freiheit der Leute – im Sturm fortgetrieben
Dem Tod nicht entkommen,
Familien und Kinder
Warum so viel Kälte?
Warum so viel Winter?
Die Menschlichkeit
längst auf der Strecke geblieben?

Es gehen die Stunden
Es ziehen die Tage
Es fliehen die Menschen
Mir bleibt nur die Frage:
Was wird, wenn auch ich aus der Heimat
mal fliehe?
Wird dann jemand sein,
der mich aufnimmt mit Liebe?
Bleibt übrig nur Trauer, nur Tränen und Klage?

Doch sah jener Junge die funkelnden Sterne
Er flog hoch ins All, bis hinauf in die Ferne
Ich hör ihn noch singen,
den schwarzhaarigen Jungen
Er hat von der Liebe im Traumland gesungen
Ich denk oft an ihn
Hab ihn wirklich sehr gerne

Einfach weg!

Stille zieht durch Jahr und Zeiten
Ängste wabern an und ab
Hier willst du nicht länger bleiben
Wo sich Dummheit, Lügen weiden
Wo man nichts zu leben hat

Und du ziehst in bessre Welten
Die sind weit
Du ziehst lang hin
Stürme lauern, wollen gelten
Mancher schreit und will dich schelten
Doch du suchst den Lebenssinn

Hast ihn irgendwann gefunden
Neue Menschen triffst du schnell
Schöner, besser nun die Stunden
Endlich glücklich – unumwunden
Und dein Tag ward wieder hell

Alter Mann

Es ist so still um ihn
So still
Der alte Mann sitzt schweigend da
Er weiß genau, was er noch will
Doch er sitzt da und ist nur still
Und denkt vielleicht, wies damals war

Vielleicht erinnert er sich jetzt
An jene Zeit, als er noch jung
Und plötzlich scheint sein Aug benetzt
Woran erinnert er sich jetzt?
An Liebe oder neuen Schwung?

Er sagt es nicht
Er schweigt ganz still
Er räuspert sich nur einmal laut
Die Zeit vergeht auch ohne Ziel
Er weiß genau, was er jetzt will
Als er zum Fenster *heimlich* schaut

Wiedermal

Wiedermal den Weg zum Amte
Stolpert sie so gegen 6
Noch ist sie die
Unbekannte
Stolpert schnell den Weg zum Amte
Das liegt vor ihr links
Dann rechts

Brötchen, Kaffee, diesen lauen
Ein Gespräch kurz auf dem Gang
In die Unterlagen schauen
Wie viel werden sich heut trauen?
Und die Zeit scheint ewig lang

Auf dem Stuhl, dem harten, kalten
Nimmt sie Platz
Schaut hin- und her
Menschen muss sie hier verwalten
Jenen Tag mit Sinn gestalten
Und manch Schicksal wiegt so schwer

Schon kommt rein der erste Kunde
Der sucht Arbeit
Oder nicht?
Ziellos starrt er in die Runde
In der Seel klafft ihm 'ne Wunde
Angst sitzt tief ihm im Gesicht

Wut und Hoffnung muss sie kennen
Manchmal Härte auch
Und Mut
Nein, es bleibt kaum Zeit zum Flennen
Manchmal nachts ist Zeit zum Pennen
Oftmals glüht noch
Arbeitswut

Ja, sie weiß, man liebt sie selten
An dem Ort, wo gar nichts gleich
Jenes Amt der tausend Welten
Wo manch Regeln kaum noch gelten
Hier wird niemand wirklich reich

Wenn die Kunden dann gegangen
Ordnet sie den Aktenberg
Hier, wo manches unverstanden
Wo sich niemals Menschen fanden
Schaut sie plötzlich recht verklärt

Packt die Tasche und hält inne
Ob sich das mal ändern wird?
An der Decke eine Spinne
Leis tropft Regen aus der Rinne
Alles scheint total verkehrt

Sollt sie wirklich einsam bleiben?
Haus und Auto – all dies Zeug?
Kommen auch mal bessre Zeiten?
Ohne Klar- und Ebenheiten?
Ohne künstlich-glatter Freud?

Doch dann wischt sie sich die Augen
Aus der Haut kommt sie nicht raus
Dieser Traum vom Meer, dem blauen
Schon versunken
Kaum zu glauben
Und sie trinkt den Kaffee aus

Dann nimmt sie vom Eisenhaken
Ihren Mantel
Ihren Schal
Zwischen Mondlicht, Mücken, Schnaken
Wird sie durch den Regen waten
Morgen früh
Und wiedermal

Für Mama

Manchmal sagtest Du,
es geht vorbei
Und ich saß nur da und schwieg – und weinte
auch
Weils bei mir mal wieder
schiefgegangen war
Doch dann lief ich los
Ins Leben – lachte laut
Und Du schautest mir noch lange nach
Und an Weihnachten brannten
Echte Kerzen – in unseren Herzen

Ich war so voller Tatendrang
Und wollte noch so viel
Und manchmal auch zu viel
Lief fort und kam doch wieder heim
Zu Dir – zu meiner stetigen Geborgenheit
Und wir waren glücklich und so froh
Und auch zufrieden
Wo heute manchmal fehlt
mir die Bescheidenheit

Was waren das für Jahre
Meine Mama, ach
Ich liebe Dich und so wird's auch immer
bleiben – ich bin Dein Kind – für immer
So ist es eben – Mutter und Sohn
Und sonst gibt's nichts
Das war seit Generationen so
Wir sind füreinander da
Und doch sind's einfach viel zu wenig Worte
Für Dich, meine Mama

Erinnerung

Schön war's in der großen Stadt
Job, Familie, *wunderschön*
Dort wo keiner Namen hat
lebten sie in jener Stadt
So sollts immer weiter gehn

Doch seit kurzem träumte sie
von dem Ort, der endlos weit
Sah die Kirche, Wald und See
Manche Nächte träumte sie
von der fernen Seligkeit

Sie verstand die Zeichen nicht
Doch es zog sie magisch fort
Und sie sah im Traum ein Licht,
hatte Tränen im Gesicht
Wo nur lag dies Land, der Ort?

Mehr und mehr wollt sie dorthin
Alles schien ihr so bekannt
Wo nur lag des Traumes Sinn?
Warum wollte sie dorthin?
In dies wundersame Land?

Eines Tages brach sie auf
Nahm die Tasche wie in Trance
Nahm den Abschied selbst in Kauf
Schweigend brach sie einfach auf
War das ihre letzte Chance?

Auf dem Weg durch Traum und Zeit
kam nach Irland sie bei Nacht
Lang schien dieser Weg und weit
Irgendwo am Rand der Zeit
wurde sie nach Haus gebracht

In dem kleinen Dorf am Meer
sah es aus wie in dem Traum
Kirche, Wald – sie wollt hierher
In das kleine Dorf am Meer
In das Haus beim Mandelbaum

Nichts war hier wie in der Stadt
Ruhm und Reichtum gab´s hier nicht
Wichtig war nicht, was man hat
Wichtig nicht die ferne Stadt-
Nur des Mondes fahles Licht

Auf dem kleinen Friedhof dort
stand sie an dem fremden Grab
Hier an diesem stillen Ort
trug sie die Erinnerung fort
Las die Inschrift, die schon matt

Da durchfuhr ein Blitz ihr Hirn
Und sie wusste es genau
Ihre Mutter lag hier drin
Ja, ihr Traum zog sie hierhin,
zu dem Grab der toten Frau

Und sie fühlte sich so gut
Goss die Blumen vor dem Stein
Hatte wieder Lebensmut
Denn sie fand ihr eigen Blut
Ihre Seele wurde rein

Plötzlich hörte sie von fern,
wie die Mutter leise sang
„Ach, mein allerliebster Stern,
kamst zu mir, doch ich bin fern.
Kamst zu mir, zum weißen Strand"

Lange saß sie noch am Grab
Und sie küsste sanft den Stein
Dort, wo's keine Zeit mehr gab
Dort an Mutters kleinem Grab,
konnt sie endlich glücklich sein

Als sie wieder heimwärts zog,
war voll Liebe sie und Kraft
Und ein Silberwölkchen flog
übers Meer, auf dem sie zog
Ja, sie hatte es geschafft!

Und daheim, dort, in der Stadt
hatte sie den Sinn erkannt
Wer im Herz sein' Mutter hat,
braucht nicht Geld, nicht Ruhm und Stadt
Nur manch Traum
Und Mutters Hand

Sein Traum

Er hat geträumt vom Haus am Fluss
Von hohen Bäumen, ewig grün
Er tat, was er wohl tuen muss
Für diesen Traum, das Haus am Fluss
Er wollt die Mutter wiedersehn

Doch um ihn rum war's laut und kalt
Im Häusermeer der großen Stadt
Im Sumpf der Straßen gab's kein Wald
Hier wurde niemand reich und alt
Hier, wo man keinen Traum mehr hat

Da machte er sich auf und ging
Dorthin, wo Mamas Stimme rief
Als tief der gelbe Mond schon hing
Da machte er sich auf und ging
Nur raus, nur fort vom Großstadtmief

Durch viele Länder lief er so
Bis zu dem Wald, dem Haus am Fluss
Die Stille machte ihn dort froh
Und seine Mutter sowieso
Die gab ihm einen sanften Kuss

Er war am Ziel – ja, und er blieb
Mit Mutter dort am Fluss im Haus
Dort fand er endlich jenes Glück
Von dem er träumte, was ihn trieb
Hier sah die Welt so friedlich aus

Er träumte oft vom Haus am Fluss
Von seiner Mutter, die dort lebt´
Er tat, was man wohl tuen muss
Man fand ihn tot im Großstadtfluss
Und seine Spur ward schnell verweht

Träumerei

Eine Melodie vielleicht
Vielleicht so manches Wort
Anmutig auch
Und vieles sagend
Sind ihre Augen
Vielleicht

Eine Sehnsucht vielleicht
Vielleicht so mancher Traum
Lächelnd leis
Und vieles sagend
So scheint ihr Blick
Vielleicht

Ein Engel vielleicht
Vielleicht so manches Wunder
Hoffend stets
Und vieles sagend
Scheint ihre Seele
Vielleicht